Ich werd Rentner wie mein Opa
Kinder über Sünden, Wein und Haarausfall

Herausgegeben von Anne Rademacher

Aufgeschrieben und illustriert
von den Schülerinnen und Schülern
der Grundschule Aulendorf

KINDERMUND bei SUBITO!

Opa kann sich freuen. Der ist jetzt achtzig Jahre alt und weiß, dass er lange gelebt hat.

Wenn der Wetterbericht nicht stimmt, hat der liebe Gott etwas durcheinander gebracht. Das passiert meinem Opa auch dauernd und Gott ist ja noch viel älter.

Als mein Dreirad kaputt war, hat Opa es opariert.

Rentier wäre ich auch gern.. Nur das ewige Spazierengehen würde mich nerven.

LARA T.

Das Rossbief ist ein besonders gutes Stück von Pfert

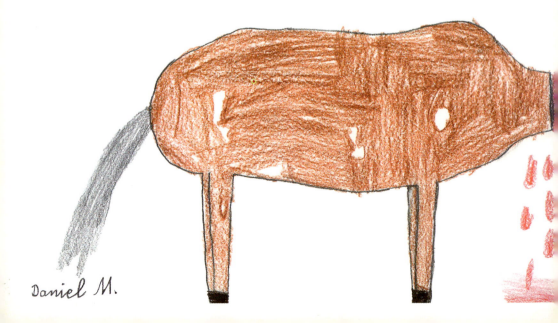

Daniel M.

Was gibt es in der Ess-Bahn denn zu essen?

Zu Hause haben wir ein Observatorium mit Goldfischen.

Aus Kautschuk kann man Radiergummis machen, Autoreifen und auch Gummibärchen.

In ~~der~~ Venedig gibt es einen berühmten Platz, den die Italiener Pizza nennen.

Beim Wählen muss man in eine Kabine gehen, damit keiner abgucken kann.

In Indien werden die Menschen schneller geboren, als sie sterben.

In Holland wird vorallem Käse angebaut

Stefan G.

Hähne sind ziemlich faule Tiere.
Die lassen sich dauernd von den Hennen tragen.

Im Winter haben die Bauern
nichts zu tun,
da machen sie nur Dung.

Meine Freundin kann gut reiten.
Aber sie kommt ja auch aus
einer Pferdefamilie.

Das Herz ist ein kräftig gebauter Schließmuskel.

Wenn ein Baby zu früh geboren wird, kommt es in den Brotkasten.

Wenn ein Arzt operieren will, muss er erst sterilisiert werden.

Die Schwerkraft betrifft alle, besonders im Herbst, wenn die Blätter von den Bäumen fallen.

Im Zeitalter der Aufklärung lernten die Leute, wie man die Kinder selber macht.

Weil Mozart so eine anstrengende ~~junge~~ Jugend hatte, starb er früh.

Früher wurden Hexen verbrannt, heute kommen sie ins Gefängnis und dürfen sich einen Anwalt nehmen.

Unsere Schule wird von einem Reaktor geleitet.

Bakterien sind klitzekleine Lebewesen, die es auf die Menschen abgesehen haben.

Ich bin gar kein Schlitzohr. Meine Ohren sind ganz normal

Alle Fische legen Eier.
Die russischen sogar Kaviar.

Auf dem Gymnasium lernt meine Schwester Englisch, Französisch und Katholisch.

Unsere Schule heißt Volksschule, weil man da immer volgen muss.

Man muss in der Schule nicht alles kapieren. Hauptsache, man kann es.

Je schlimmer die Sünde, desto härter die Buße. Ein Mörder muss mindestens 50 Vaterunser sprechen.

Ich beichte in der Kirche nur ganz wenig damit sie hinter mir nicht so lange warten müssen.

Man soll nicht töten, denn sonst, sonst tötet auch mal jemand zurück.

Die Episteln waren die Frauen von den Aposteln.

Wer nicht getauft ist, kommt nicht in den Himmel. Außer, er hält sich besonders gut an die zehn Gebote.

Maria ist die Mutter von Jesus und die Muttergottes ist seine Großmutter.

Brot und Wein sind die Heilspeisen vom Pfarrer.

Wir bräuchten keine Antenne mehr zum Fernsehen wie früher der Opa. Wir sehen mit den Augen.

Eine Fernsehzeitung braucht man, damit die Sendung nicht vorbei ist, bevor man sie gesehen hat.

Auf dem Mond können gar keine Menschen leben. Bei Halbmond hätten die ja nicht mehr genug Platz

Der Mond ist kleiner als die Erde. Das liegt daran, dass er so weit weg ist.

Ein Ketzer ist der Mann von der Katze.

Macht nichts, ob ein Ei größer oder kleiner ist. Die größeren sind luftig die kleineren sind schön rund und voll.

Mein Opa hat keinen Beruf, der ist einfach nur Opa.

Im Himmel gibt es unzählige Engel. Bestimmt so vierzig oder fünfzig Stück. Vielleicht auch noch mehr.

Streichhölzer muss man gut verstecken,
damit sie keine kleinen Kinder
bekommen.

Auf dem Friedhof liegen die
Gestorbenen, auch andere Menschen
finden da die letzte Ruhe.

Je älter ein Mensch wird,
um so teurer werden seine
Zähne.

Je früher die Menschen waren, desto affiger sahen sie aus.

In der Küche gibt es zu essen und im Schlafzimmer zu schlafen.

Schwiegermütter haben einen schlechten Ruf, weil sie ihre Kinder nicht hergeben wollen.

Mein kleiner Bruder ist schon abgestillt. Jetzt muss er noch abgeflascht werden.

Ein guter Gläubiger muss beten können.

Schön, dass Oma und Opa zusammen im Grab liegen. Da können sie sich wenigstens mal unterhalten.

Ein Geist ist so was wie ein Gespenst des Körpers.

> Die Heizung muss immer auf Sonne gestellt sein

Das Schönste am Winter ist das Schneeballschlachten.

Luftballons muss man immer gut zuknoten, damit sie nicht auslüften.

Das war gestern gar kein richtiger Schnee, das war nur Schimmel.

Im Bauch müssen die Babys Schwimm-
flügel anhaben. Sonst können die
ja nicht im Fruchtwasser schwimmen.

Auf dem Spielplatz haben wir ein
tolles Loch gegraben, aber Mami hat uns
verboten, es mit nach Hause zu nehmen.

Heiraten kann man erst, wenn man
genug Geld für eine Kamera hat.
Weil die Braut ja ein Video von
der Hochzeit haben will.

Bismarck · kenne ich, das ist ein Hering.

Mit 18 beginnt die Gewehrpflicht.

Das Erdgeschoss heist so, weil da manchmal die Räuber reinschießen.

Bei der Straßenbahn gibt es zwei Arten Haltestellen: die ständigen und die Bedürfnihaltestellen.

Gestern war ein Mann an der Tür, der hat fürs Altersheim gesamelt. Aber unseren Opa haben wir ihm nicht gegeben.

Mein Opa spielt in der Blaskapelle auf einer echten Trombose.

Schule ist gar nicht so schlimm, da freut man sich wenigstens wieder auf zu Hause.

Kennen Sie auch ein schönes Zitat aus Kindermund?

**Dann schicken Sie es doch gern an den Verlag:
Juliusstraße 12, D-60487 Frankfurt am Main**

Die Herausgeberin und der Verlag danken allen Schülerinnen
und Schülern sowie dem Förderverein der Grundschule Aulendorf.
Ein besonderer Dank für unermüdlichen Einsatz im Endspurt geht
an Luise Heinlein, Christina Thoma und Sabrina Zipprich.

Überarbeitete Neuausgabe
© 2006 SUBITO! in der Baumhaus Verlag GmbH, Frankfurt am Main
Alle Rechte vorbehalten.
Herausgeber der Reihe KINDERMUND: Vito von Eichborn

Umschlaggestaltung: Groothuis, Lohfert, Consorten, Hamburg,
unter Verwendung einer Illustration von Stine-Marie Pötschke
Innengestaltung: Matrix Typographie & Gestaltung,
Christina Modi & Maren Orlowski, Hamburg
Printed in Germany
ISBN-13: 978-3-8339-4235-8

Gesamtverzeichnis schickt gern:

http://www.subito-verlag.de